BEI GRIN MACHT SICH IHR WISSEN BEZAHLT

- Wir veröffentlichen Ihre Hausarbeit, Bachelor- und Masterarbeit

- Ihr eigenes eBook und Buch - weltweit in allen wichtigen Shops

- Verdienen Sie an jedem Verkauf

Jetzt bei www.GRIN.com hochladen und kostenlos publizieren

Bibliografische Information der Deutschen Nationalbibliothek:

Die Deutsche Bibliothek verzeichnet diese Publikation in der Deutschen Nationalbibliografie; detaillierte bibliografische Daten sind im Internet über http://dnb.d-nb.de/ abrufbar.

Dieses Werk sowie alle darin enthaltenen einzelnen Beiträge und Abbildungen sind urheberrechtlich geschützt. Jede Verwertung, die nicht ausdrücklich vom Urheberrechtsschutz zugelassen ist, bedarf der vorherigen Zustimmung des Verlages. Das gilt insbesondere für Vervielfältigungen, Bearbeitungen, Übersetzungen, Mikroverfilmungen, Auswertungen durch Datenbanken und für die Einspeicherung und Verarbeitung in elektronische Systeme. Alle Rechte, auch die des auszugsweisen Nachdrucks, der fotomechanischen Wiedergabe (einschließlich Mikrokopie) sowie der Auswertung durch Datenbanken oder ähnliche Einrichtungen, vorbehalten.

Impressum:

Copyright © 2017 GRIN Verlag, Open Publishing GmbH
Druck und Bindung: Books on Demand GmbH, Norderstedt Germany
ISBN: 9783668623804

Dieses Buch bei GRIN:

https://www.grin.com/document/387712

Sarah Jungnitz

Entfremdung als selbstgewähltes Motiv bei Immanuel Kant, Jean-Jacques Rousseau und Pico della Mirandola

Philosophisch-psychologische Untersuchung in Form einer Ich-Bilanz

GRIN Verlag

GRIN - Your knowledge has value

Der GRIN Verlag publiziert seit 1998 wissenschaftliche Arbeiten von Studenten, Hochschullehrern und anderen Akademikern als eBook und gedrucktes Buch. Die Verlagswebsite www.grin.com ist die ideale Plattform zur Veröffentlichung von Hausarbeiten, Abschlussarbeiten, wissenschaftlichen Aufsätzen, Dissertationen und Fachbüchern.

Besuchen Sie uns im Internet:

http://www.grin.com/

http://www.facebook.com/grincom

http://www.twitter.com/grin_com

Ludwig-Maximilian-Universität München
Fakultät 10
Seminar: Zum Zusammenhang von Wahrnehmen und Erkennen: von Pico della Mirandola
bis zu Kants Bestimmung des Terminus 'Fortschritt'
SoSe 2017

Entfremdung als selbstgewähltes Motiv

Philosophisch-psychologische Untersuchung in Form einer Ich-Bilanz
bei Immanuel Kant, Jean-Jacques Rousseau und Pico della Mirandola

Sarah Jungnitz
4. Semster, Bachelor:
Philosophie und Sprache/Literatur/Kultur (SLK)

"Der Mann der Welt verbirgt sich ganz hinter seiner Maske. Da er fast niemals zu sich kommt, ist er sich immer fremd, und mißmutig, wenn er dazu gezwungen ist. Was er ist, ist nichts; Was er scheint, ist ihm alles." (Rousseau, Emil oder über die Erziehung, viertes Buch, S. 232)[1].

Als junger Mensch profitiere ich davon, daß ich mich mit dem Thema Entfremdung auseinandersetze. Gerade in der heutigen Gesellschaft, in der sich fast jeder Mensch dem Ideal verschreibt und allein schon deswegen als ein Schauspieler oder Repräsentant nach Kant gelten kann, ist es wichtig seinen eigenen Weg zu finden und zu gehen.

An dem Seminar "Zum Zusammenhang von Wahrnehmen und Erkennen von Pico della Mirandola bis zu Kant's Terminus Fortschritt" ist mir besonders dieses Thema, der Entfremdung, als wertvoll erschienen um darüber weiter nachzudenken. Obwohl Kant in seiner 'Anthropologie in pragmatischer Hinsicht'[2] Entfremdung als solche keine explizite Erwähnung schenkt, ist es genau jene, die er mit vielen verschiedenen Ansätzen versucht einzufangen.

Die Maske in dem oben angeführten Zitat von Rousseau, bedarf, hinsichtlich aus der ihr entfalteten Entfremdungsthematik, eine genauere Betrachtung. Kant führt Beispiele dazu auf.

Zunächst einmal steht die Maske für die Unehrlichkeit zu sich selbst, sowie zu Anderen. Woher kommt Unehrlichkeit? Sie kommt von Angst, oft von Scham. Bei Kant ist Scham "Angst aus der besorgten Verachtung einer gegenwärtigen Person und, als solche, ein Affekt" (S. 197). Für sich allein betrachtet, seien Affekte jederzeit unklug (S. 195).[2] Sie stehen im scharfen Kontrast zu jedweder Vernunft und bedienen daher eher die Begierden, als den besonnen Charakter eines Menschen.
Der Zustand des Affekts mache einen Mangel der Überlegung aus, dieses Gefühl mit der Summe aller Gefühle in seinem Zustande zu vergleichen.[2] Ein einzelnes Gefühl wird zu einem Augenblick für den Lebensinhalt, die eigene Identität, daß muß unklug sein, da Gefühle schwankend sind. Kant räumt allerdings ein, daß "durch einige Affekte die Gesundheit von der Natur mechanisch befördert" werde (S. 205) und meint damit das Lachen und Weinen.[2] Die beiden letzteren können sowohl ehrlich mitgeteilt werden, als auch hinter einer Maske verschleiert werden. Authenzität ist dabei von vornherein eingeschränkt und es

kann nur eine partielle Ungezwungenheit und Natürlichkeit im Leben generell erzielt werden. Es liegt nahe, daß die Masken unbewußt zur Bedeckung der Affektiertheit verwendet werden.

Hier muß Kant die Verantwortung und die Pflicht eines Menschen seiner eigenen Empfindung und Handlungen gegenüber ansprechen, die einem Entfremdeten mit seiner Maske nicht bewußt sein dürften.

Etymologisch bietet der Bergriff ' Entfremdung' oder auch das 'Abalinieren' den Rückschluß von 'fremd' auf 'auswärts stammend'.[3] Der Entfremdete fühlt sich also, als wenn er von auswärts stammt, isoliert, wirklichkeitsfremd und generell weltfremd. Umgangssprachlich, im Zwischenmenschlichen Bereich, spricht von wohl von 'Unnahbarkeit'.

"Der Mensch ist weder sterblich, noch unsterblich erschaffen (S. 9)."[4] In diesem Satz erklärt Pico della Mirandola das ganze Potenzial, das in einem Mensch innewohnt, welches dieser beliebig ansehen und verwenden kann. Er kann es also wahrnehmen, annehmen und ausschöpfen oder ignorieren, mit Füßen treten und verkümmern lassen. Letzteres muß bei dem Entfremdeten der Fall sein, bewußt oder unbewußt.
Er putzt regelmäßig seine Maske neu, verändert aber nie seinen Charakter. Güte, Mitgefühl, Freundlichkeit, Aufrichtigkeit in Form von Tugenden, werden so kein Teil von ihm, sondern ein von ihm willkürlich, in abgefilterten Portionen, kurzzeitiges Element seiner dauernd sich verändernden Maske.

Der Entfremdete kann so nie der vollen Bedeutung von jenem Satz von Pico gewahr werden, in dem der ganze Fortschritt enthalten ist, die Weiterentwicklung des Menschscheins. Er nimmt sein eigenes Potenzial nicht wahr. Er bedient sich nicht dem Ausruf der Aufklärung zu Kant's Zeit: "Sapre Aude". Kant schreibt in seinem Aufsatz 'Was ist Aufklärung' (S. 1)[5], daß das von ihm als ungemein bedeutungsvoll angesehene 'Selber Denken', nur aus zwei Gründen vermieden werden kann: Erstens steht dem Mensch seine eigene Bequemlichkeit im Weg - Geld hält die Menschen in gewisser Weise davon ab selber zu denken. Zweitens muß der Mensch sich seiner eigenen Angst stellen, die er möglicherweise davor hat, selber zu denken. Beides sind gesellschaftlich geprägte Denkbilder von langer Tradition. Die Maske muß eine Flucht in ein gesellschaftliche Überzeugung sein, die allgemein anerkannt wird. Deren Überlegung, der Mensch an sich sei sterblich, glaubt der einzelne vielleicht und lebt danach; ein anderer glaubt, Gott habe die Menschen unsterblich erschaffen und lebt danach. Beide hinterfragen nicht, ihre eigenen, von der Gesellschaft übernommenen Denkbilder und gelange so zu keiner Neutralität im Denken, die eine Basis für Fortschritt und ein Weg aus der Entfremdung bilden.

Pico della Mirandola geht von der Möglichkeit der Freiheit aus:
"Wir sind geboren worden unter der Bedingung, daß wir das sein sollen, was wir sein wollen. Daher muß unsere Sorge, vornhemlich darauf gerichtet sein, daß man uns jedenfalls nicht das nachsagen kann, wir hätten, als wir in Ansehen standen, keinen Verstand gezeigt (S. 13)."[4] Auch für Kant, muß der Mensch frei sein. Reflektieren im Vorgang des Denkens, ist etwas was er den Menschen nicht nur zutraut, sondern wozu er sie auch auffordert: "Der Mensch hat den Instinkt verlassen und noch nicht das Gesetz der Vernunft angenommen. Er verliert die Freiheit und steht noch nicht unter dem Schutz des Gesetzes. Er liebt bloß sich selbst und soll doch das allgemeine Beste befördern (S. 351)."[2] Freiheit bedeutet für Kant zugleich Freiheit für das Allgemeinwohl, keine egoistische Freiheit, die weder zum Allgemeinwohl noch zum Fortschritt beitragen würde.

'Der Mann von Welt', wie Rousseau es formuliert, identifiziert sich mit seinem eigenen Schein, mit dem was er in der Welt darstellt und für ihn wohl als das 'kleine bisschen Freiheit' angesehen wird, das ihm 'zugestanden' wurde. Als entfremdeter Mensch, der sich von außerhalb sieht, nicht in der Gesellschaft oder seine Tätigkeit integriert, weiß er nicht von der Möglichkeit der Freiheit. Im schlimmsten Fall ignoriert er sie.
Dabei stellt sich die Frage nach dem Motiv der Entfremdung.
Sigmund Freud zufolge, sei Entfremdung notwendig um eine Gesellschaft von Individuen aufrechzuerhalten. Kultur sei bereits Entfremdung. Anders ausgedrückt, sei Entfremdung, der Prozeß der Kultivierung der Triebnatur des Menschen.[6]
Dies muß bedeuten, daß der Mensch an seiner Natürlichkeit zu sich selbst und seinen Mitmenschen verloren hat. Das Leben der Menschen muß deshalb so unnatürlich und komplex, in einer entfremdeten Kultur von ihnen eingerichtet worden sein, weil ihre Triebe anstiegen, sie nicht damit umgehen konnten und hierarchische Strukturen und gesellschaftliche Verhaltensregeln entwarfen. Der Anstieg der Triebhaftigkeit wurde nicht hinterfragt oder reflektiert, das von Kant aufgeworfene 'Selber denken' nicht aufgegriffen. So gerät der Entfremdete in seine 'cul-de-sac'. Er steht in seinem Geist mit dem Rücken zur Freiheit. Die notwendigste und nach Kant "wichtigste Revolution im Inneren des Menschen ist, der Ausgang aus seiner selbstverschuldeten Unmündigkeit (S. 165)"[2]. Der Entfremdete,

BEI GRIN MACHT SICH IHR WISSEN BEZAHLT

- Wir veröffentlichen Ihre Hausarbeit, Bachelor- und Masterarbeit

- Ihr eigenes eBook und Buch - weltweit in allen wichtigen Shops

- Verdienen Sie an jedem Verkauf

Jetzt bei www.GRIN.com hochladen und kostenlos publizieren

Bibliografische Information der Deutschen Nationalbibliothek:

Die Deutsche Bibliothek verzeichnet diese Publikation in der Deutschen Nationalbibliografie; detaillierte bibliografische Daten sind im Internet über http://dnb.d-nb.de/ abrufbar.

Dieses Werk sowie alle darin enthaltenen einzelnen Beiträge und Abbildungen sind urheberrechtlich geschützt. Jede Verwertung, die nicht ausdrücklich vom Urheberrechtsschutz zugelassen ist, bedarf der vorherigen Zustimmung des Verlages. Das gilt insbesondere für Vervielfältigungen, Bearbeitungen, Übersetzungen, Mikroverfilmungen, Auswertungen durch Datenbanken und für die Einspeicherung und Verarbeitung in elektronische Systeme. Alle Rechte, auch die des auszugsweisen Nachdrucks, der fotomechanischen Wiedergabe (einschließlich Mikrokopie) sowie der Auswertung durch Datenbanken oder ähnliche Einrichtungen, vorbehalten.

Impressum:

Copyright © 2015 GRIN Verlag, Open Publishing GmbH
Druck und Bindung: Books on Demand GmbH, Norderstedt Germany
ISBN: 9783668531635

Dieses Buch bei GRIN:

http://www.grin.com/de/e-book/375789/bezuege-zum-skeptizismus-in-kritik-der-reinen-vernunft-von-immanuel-kant

Literaturverzeichnis:

- Immanuel Kant, „Kritik der reinen Vernunft", Ausgabe Berlin 1911., marixverlag, Wiesbaden,   2013
- Immanuel Kant, „Beantwortung der Frage: Was ist Aufklärung?" 1784.
- Immanuel Kant, „Prolegomena zu einer jeden künftigen Metaphysik, die als Wissenschaft wird auftreten können", Reclam, Stuttgart
- Peter Strawson, „Analyse und Metaphysik: Eine Einführung in die Philosophie" 1992, deutsche Erstausgabe 1994, München
- Rudolf Eisler, „Kant – Lexikon: Nachschlagewerk zu Immanuel Kant" 1930.
- Wolfgang Hilber, „Lexikon der Philosophie" 2009.
- Otfried Höffe „Immanuel Kant" Beck'sche Reihe, München, 1992.

BEI GRIN MACHT SICH IHR WISSEN BEZAHLT

- Wir veröffentlichen Ihre Hausarbeit, Bachelor- und Masterarbeit

- Ihr eigenes eBook und Buch - weltweit in allen wichtigen Shops

- Verdienen Sie an jedem Verkauf

Jetzt bei www.GRIN.com hochladen und kostenlos publizieren

der mit dem Rücken zur Freiheit steht, muß demnach sich seiner eigenen Mündigkeit bewußt werden und sich ihr mittels einer Neuorientierung fortdauernd zuwenden.

Kant entsprechend fühlt sich der durchschnittliche Mensch kontinuierlich getrieben. Eine Leere von Empfindungen entstehe (S. 169)[2]. Genau dies muß den entfremdeten Mensch ausmachen, der nicht mit sich selbst sein will. Leonardo da Vinci schreibt von der menschlichen Sehnsucht nach der Auflösung seiner selbst, die der Natur eigen sei.[7] Nach Kant gilt es, dies zu erkennen ["der Mensch ist das Letztziel der Welt"], ohne dabei lediglich in 'Anticyra' zu landen (S. 45)[2]. Diese Insel stehe als Symbol für das Im-Kreis-Drehen auf der Körperlichen Ebene. Unklarheit bliebe also bestehen. Wie der Anstieg der Triebhaftigkeit, wird das sich-getrieben-fühlen nicht hinterfragt.

Es muß eine wahrgenommene Furcht in dem Entfremdeten herrschen, daß er möglichst eilig sein Leben leben will.

Angst könnte insofern selbstverschuldet sein, als daß sie, ein Indiz dafür ist, daß die "Prinzipien des Denkens nicht vorangehen wie sie sollen (S. 45)"[2], sondern eine Phantasie gemacht wurde, die den Entfremdeten davor bewahrt von seiner 'liebgewonnenen' cul-de-sac abzulassen.

"Du wirst von allen Einschränkungen frei nach deinem eigenem freien Willen, den ich dir überlassen habe, dir selbst deine Natur bestimmen (S. 9)."[4] So schreibt Pico über die Rede Gottes an den Menschen, die wohl im weiteren auf Gottes Liebe zu den Menschen und die menschliche Wahrnehmung derselben abzielt. Es geht also darum, daß der Mensch anhand seines unerschütterlichen freien Willen, die Liebe Gottes zu ihm erkennt und ihm dies mit eigener Liebe zu Gottes Schöpfungen gebührend dankt.

Tatsächlich sei der Mensch demnach, dazu da, die Schönheit zu lieben. Nach Pico della Mirandola erfüllt also der entfremdete Mensch, die einzige Aufgabe, die Gott ihm stelle, nicht. Er kann Gottes vollkommene Schöpfung gar nicht wahrnehmen, die er lieben soll und wohl auch will, wenn er ein zufriedener Mensch sein möchte. Wie bei Kant, kann er das allgemein Beste nicht befördern, weil er sich selbst und die Natur nicht als frei, sondern als gefangen ansehen muß, wenn er mit sich selbst hadert: "Wir sind [...] so unmündig geworden daß, wenn dieser Zwang auch aufhörte, wir uns doch selbst nicht regieren könnten (S. 354)."[2]

Wenn ein Mensch einer Aufgabe, die ihn, wenn er sie ausfüllt, zufrieden und glücklich macht, nicht nachgeht, muß ihn etwas hemmen. Frustration muß ihn überkommen.

Höchstwahrscheinlich ist er wütend auf die Welt, die Menschen und sich selbst. Fortschritt bedeutet bei Kant und Pico demnach, sich seiner Aufgabe zu stellen, was zugleich Pflicht ist; und bedeutet diese Aufgabe mit einem ausgeglichenem Gemüt zu nachzugehen (Eudämonismus). Selbsterziehung schimmert hier durch.

Entfremdung kann auch ein Konflikt gegenüber dem eigenen Willen sein. Einem weiteren Zitat von Rousseau nach, müßen für das Glücklich sein "Wollen und Können im Einklang sein (Zweites Buch, Kap. 10)."[1]

Das Stichwort 'entfremdete Arbeit' nach Karl Marx klingt an, die die Arbeit als oft verwendetes Mittel zum Zweck entlarvt.[8]

Auch bei der entfremdeten Arbeit, bei der der Mensch und die Tätigkeit in einer weiten Relation voneinander stehen, ist das 'Können' mit dem 'Willen' nicht identisch. Diese Schieflage muß der Entfremdete durch sein Verhalten, seine Sicht auf die Welt und das Leben als mißmutig, wie Rousseau es schreibt, erleben. Er merkt diese Schieflage nicht selbst, vielmehr verdeckt er sie durch seine Maske der eigenen Unehrlichkeit. Sein Können wird von seinem Willen vermeintlich geschliffen, und steht hintenan. Dadurch muß auch seine Selbstwürde und sein Selbstbewußtsein, geschweige denn Respekt und Achtung sich selbst gegenüber, dahinschwinden, da all jenes Teil einer ehrlichen, authentischen Beziehung zu der eigenen Person ist. Der eigene Wille kann so nicht gesund eingeschätzt werden, es muß ein schmerzlicher Widerspruch entstehen. Denn selbst wenn die Schieflage verdrängt wird, muß die eigene Mißmutigkeit ein Indiz für einen inneren Konflikt darstellen. Kant schreibt davon, sich dem widerkehrenden Schmerz zu stellen. Für ihn ist "Schmerz ein Gefühl eines Hindernis des Lebens (S. 167)."[2] Fortschritt wird dadurch weiter nach hinten verschoben. Der Entfremdete stellt sich nicht dem wiederkehrenden Schmerz, stattdessen grübelt er in seiner Mißmutigkeit über das Leben. Dies muß für Kant ein Verstoß sein, nicht seiner eigenen Verpflichtung des Fortschritts nachzukommen, da der Mensch sonst widerum nur in Anticyra landen würde statt zu wirklicher Erkenntnis zu gelangen. Mit Homer's 'Odyssee' (12. Gesang)[10] und Kafka's 'Schweigen der Sirenen'[11] gesprochen, geht es darum, die Sirenen als Illusion der eigenen Einbildung zu erkennen.

Der Entfremdete muß begreifen, daß er selbst Verantwortung trägt für seine Entfremdung und deren Auswirkungen.

"Entfremdung ist das unwillentliche oder vorsätzlich rebellierende Heraustreten aus der göttlichen Ordnung." Darin läge auch das Angebot diese Entfremdung rückgängig zu machen

(Günther Buck S. 157).[9] Ein entfremdeter Mensch scheint jener Erklärung nach in einer Auseinandersetzung mit Gott zu stehen.

Kant schreibt "Die Natur will von Zeit zu Zeit stärkere Erregungen der Lebenskraft, um die Tätigkeit des Menschen aufzufrischen, damit er nicht im bloßen Genießen das Gefühl des Lebens gar einbüße (S. 221)."[2]

Es geht also darum, daß Leben an sich wahrzunehmen, nicht nur die Dinge, Erlebnisse und Tätigkeiten. Der Entfremdete hat den Blick vom Leben an sich auf diese Aspekte gewendet und sich mit ihnen zwangsläufig identifiziert, - er hat nicht erkannt, daß die "Natur nur mit uns spielt" (Kant, Seite 221)[2] - was ihm sein Mißmut einbrachte, den er vor eigener Scham rasch hinter der zugeschnittenen Maske verbirgt. Kants Zitat verdeutlicht auch, daß das Göttliche/ die Natur den Menschen ankurbelt, also für ihm eher dient, als ihm abtrünnig wird. Ein weiterer Punkt, den der Entfremdete nicht begreifen dürfte. Die Natur will uns also, mit unserer eigenen Zuarbeit anheben, damit wir Fortschritt erzielen; generell jedoch 'manipuliert' sie uns und erweckt den Eindruck "man habe sich selbst seinen eigenen Zweck gesetzt" (S. 221).[2] So muß der Entfremdete in die Falle der Selbsttäuschung getappt sein.

Insgesamt, kann gesagt werden, daß Entfremdung Bewußtsein, Bereitschaft und Verantwortung erforderlich macht, um jene zu überwinden und Fortschritt, wie Kant ihn definiert, erst möglich wird. Selbstgewählte Entfremdung umfasst den Wandel in der Erkenntnis, der Mensch hat einen von ihm selbst wahrgenommenen freien Willen. Entfremdung ist wahrgenommene Unfreiheit, die nach Kant selbstverschuldet sein muß. Dies muß so sein, da Entfremdung kein materielles Gut ist, sondern ein wahrgenommenes inneres Fehlen, ein Nicht-Vollständigsein, welches bei geordneten Gedanken und neutraler Sichtweise als ein 'selbst Erdachtes' Hirngespinst erscheinen muß. Über das Reflektieren gelangen also Verantwortung für die eigenen Empfindungen und Affekte ins Bewußtsein. Für den Fortschritt nach Kant, ist daher ein großes Ent- Entfremden notwendig, daß nur mit einem bewußten Geist, der sich seiner eigenen Phantasiegedanken gewahr ist und sie nicht für bare Münze hält.

Entfremdung als eine Gesellschaftserkrankung zu sehen könnte ein dauerhaftes Abschieben der Verantwortungsfrage bedeuten. Wie Kant schreibt - das Letztziel liege bei dem Menschen (S. 343).[2] Diese Aufgabe impliziert Verantworung des Einzelnen zur eigenen Person und Gesellschaft, um sich eines gesunden Gemüts zu erhalten und wiederzuerlangen. Nur so, kann die Revolution im Inneren des Menschen von der Unmündigkeit zur Mündigkeit erfolgen. Veranwortung meint hier also auch, die Einsicht, daß die Entfremdung selbstverschuldet war.

Dieser Text soll einen Überblick über das Thema Entfremdung geben und dient zur weiteren Erforschung. Meine Bilanz zu dieser Thematik formuliere ich wie folgt: Wenn Entfremdung bis hin zu unseren Gefühlen und sogar in unseren Kulturen Einlaß gefunden hat, fangen wir lieber gleich damit an, uns dies bewußt zu werden, uns den "wiederkehrenden Schmerz" zu stellen und so zurück zum natürlichem Leben gelangen, bei der wir keine Masken mehr bedürfen und wir jene zusammen mit unserem Mißmut ablegen, sodaß Zufriedenheit sich entfaltet.

Bibliograhie:

[1] Rousseau, Jean-Jacques: "Emil oder über die Erziehung",
Stuttgart: Schöningh Verlag (Hg.) UTB Verlagsgemeinschaft, 2003.

[2] Kant, Immanuel: "Anthropologie in pragmatischer Hinsicht", Becker, Wolfgang (Hg.)
Stuttgart: Reclam, 1983.

[3] DWDS (Das Wortauskunftsystem zur digitalen Sprache in Geschichte und Gegenwart):
"Entfremdung", unter:
https://www.dwds.de/wb/entfremden#et-1
(aufgerufen am 03.09.2017).

[4] della Mirandola, Pico: "Über die Würde des Menschen",
von der Gönna, Gerd (Hg.) Stuttgart: Reclam, 1997.

[5] Kant, Immanuel: "Was ist Aufklärung",
Stollberg-Rilinger, Barbara (Hrsg.) Stuttgart: Reclam, 2001.

[6] Dietrich, Gilbert: "Das Unbehagen in der Kultur. Entfremdung, Freiheit und Idealismus bei Sigmund Freud", unter:
http://www.geistundgegenwart.de/2016/12/entfremdung-freud.html (aufgerufen am 04.09.2017).

[7] Da Vinci, Leonardo: Zitat, 156, v. Christus,
Seminarmaterial.

[8] Sauerland, Professor Dr. Dirk: "Entfremdung", unter:
http://wirtschaftslexikon.gabler.de/Definition/entfremdung.html
(aufgerufen am 06.09.2017).

[9] Buck, Günther: "Rückwege aus der Entfremdung",
München: Wilhelm Fink Verlag; Paderborn: Ferdinand Schöningh, 1984.

[10] Homer: Odyssee, aus dem griechischen übersetzt von Johann Heinrich Voß, Stuttgart: Reclam, 1966.

[11] Kafka, Franz: Das Schweigen der Sirenen. Projekt Gutenberg. 1970, S.71-72, unter:
http://gutenberg.spiegel.de/buch/franz-kafka-erz-161/15 (aufgerufen am 06.09.2017).

BEI GRIN MACHT SICH IHR WISSEN BEZAHLT

- Wir veröffentlichen Ihre Hausarbeit, Bachelor- und Masterarbeit

- Ihr eigenes eBook und Buch - weltweit in allen wichtigen Shops

- Verdienen Sie an jedem Verkauf

Jetzt bei www.GRIN.com hochladen und kostenlos publizieren